Club de jóvenes hechiceras

Cristales

Escrito por Xanna Eve Chown
y Emily Anderson
Ilustrado por Luna Valentine

ADVERTENCIA DE SEGURIDAD

Por favor, consulta a un adulto antes de encender velas. Nunca permitas que una vela se consuma sobre o cerca de algo que pueda incendiarse. No dejes nunca una vela encendida sin supervisión y mantén las velas alejadas de los niños y los animales domésticos. Lo mismo aplica a varillas, conos o cualquier elemento para sahumar.

Dirección editorial: María José Pingray
Coordinación de proyecto: Jesica Ozarow
Edición y corrección: Pamela Pulcinella
Diagramación: Shhh! Ilustradores
Traducción: Soledad Gopar
Producción industrial: Aníbal Álvarez Etinger
Asistente de producción: Camila Fernandez

Autores: Xanna Eve Chown y Emily Anderson
Ilustraciones: Luna Valentine
Diseño: Rosie Bellwood
Edición: Donna Gregory
Publicado originalmente en inglés bajo el título: Teen Witches' Guide to Crystals
Impreso en China.

Primera edición publicada por Editorial Guadal S. A., Humboldt 1550, C1414CTN, Ciudad Autónoma de Buenos Aires, Argentina.
Hecho el depósito que marca la Ley 11723. Libro de edición argentina.
Impreso en China, en abril de 2024.
WWW.EDITORIALGUADAL.COM.AR

Chown, Xanna Eve
Cristales / Xanna Eve Chown; coordinación general de María José Pingray; editado por Pamela Pulcinella. - 1a ed. - Ciudad Autónoma de Buenos Aires: Chicas x Chicas, 2023.
128 p.; 20 x 13 cm.
ISBN 978-987-8930-06-0
1. Libro de Entretenimientos. I. Pingray, María José, coord. II. Pulcinella, Pamela, ed. III. Título.
CDD 793.21

Contenidos

Recordatorio:

Las ideas y sugerencias de este libro no pretenden sustituir la asistencia médica convencional. Consulta siempre a tu médico antes de emprender cualquier terapia alternativa para asegurarte de que no haya contraindicaciones para tu salud.

Bienvenida al mundo de los cristales

Introducción

Puedes utilizar los cristales para crear auténtica magia en tu vida. Todo lo que tienes que hacer es sostener entre tus manos una geoda brillante de amatista o un suave y perfecto cristal de jade para entender por qué. Además de admirar su belleza, sentirás su energía. Este libro te mostrará cómo los cristales pueden darte energía, sanarte, liberar tu sabiduría interior... ¡y mucho más!

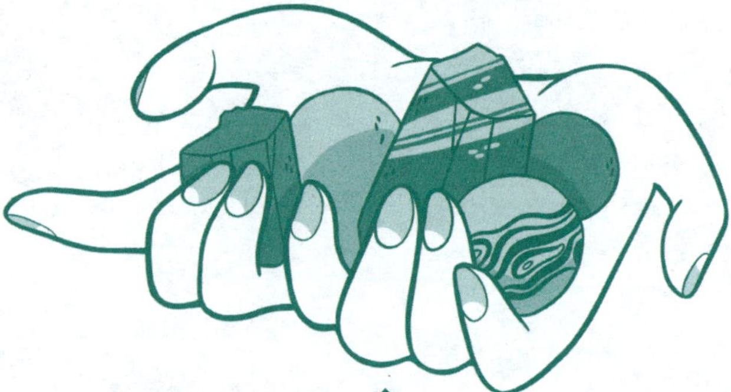

A medida que avances en la lectura de este libro, descubrirás que te sientes atraída por ciertas gemas. ¡Estas son las adecuadas para ti! Si tomas un cristal entre tus manos y descubres que no puedes dejarlo, es una señal de que encaja perfectamente con tus necesidades actuales.

Puedes utilizar los cristales, por ejemplo, para lograr los siguientes objetivos:

- **Mejorar la energía de una habitación.**
- **Aquietar tu mente.**
- **Conciliar el sueño.**
- **Conectar con tu lado espiritual.**
- **Sanar tu cuerpo.**
- **Atraer el amor.**
- **Aumentar tu capacidad psíquica.**

Cómo elegir los cristales

Todo cristal, de cualquier tamaño o forma, rugoso o liso, tiene propiedades sanadoras. No se trata de lo grande o costoso que sea el cristal, sino de cómo trabajas con él. Lo importante es tu voluntad e intención, que debe ser clara y positiva para magnificar los beneficios del cristal (en la página 11 aprenderás a cargar un cristal con tu intención).

Trabajar con piedras preciosas pequeñas te resultará mucho más práctico cuando quieras colocarlas sobre tu cuerpo o llevarlas en tu bolsillo. Puedes comprar pequeñas gemas llamadas *piedras rodadas*, que han sido pulidas en formas perfectamente lisas.

¡NO ACEPTES IMITACIONES!

Intenta asegurarte de que los cristales que compras sean auténticos y naturales. La mejor manera de evitar las imitaciones es adquirirlos en tiendas de cristales. Pregunta al propietario de dónde procede el cristal y obsérvalo bien de cerca. Comprueba su aspecto y, sobre todo, cómo lo sientes.

Gemas naturales

- Las gemas se desarrollan de forma natural en las profundidades de la tierra, en ríos o acantilados, durante un largo período de tiempo.
- Los cristales que se encuentran en la naturaleza suelen tener defectos y un tono desigual.
- Cambian con el tiempo, se destiñen y se vuelven opacas o veteadas.

Gemas teñidas

- Piedras como el ágata, la howlita, el jaspe, el cuarzo y el granito se tiñen a menudo para darles un aspecto más atractivo.
- La mayoría de los rubíes y zafiros han sido tratados de alguna manera para mejorar su aspecto.
- A las esmeraldas se les suele rellenar las grietas y mejorar su claridad. Sin embargo, estos procesos no les quitan calidad a las gemas.

Gemas sintéticas

- Algunos cristales se diseñan en laboratorios. Por eso, su tonalidad es más vibrante y uniforme.
- No son estrictamente falsas porque contienen las mismas propiedades químicas que las gemas en bruto.
- Las gemas sintéticas no tendrán la misma energía que las naturales, que se formaron durante siglos.

Imitaciones

- Pueden estar elaboradas con plástico, resina, cerámica (o, incluso, a veces son rocas pintadas), diseñadas para parecer idénticas a los cristales auténticos.
- Si hay burbujas en la gema, ¡es probable que te encuentres ante un falso cristal!

Antes de comenzar

LIMPIA TUS CRISTALES

Los cristales captan la energía de tu entorno y de cualquiera que los haya manipulado. Por eso, antes de utilizarlos, debes deshacerte de cualquier energía negativa o no deseada. Hay muchas formas diferentes de limpiar tus cristales, y algunas son específicas para cada tipo de cristal.

Cuidados básicos

¡Comprueba siempre que tu cristal no se dañe antes de comenzar! Algunos pueden deteriorarse en el agua o desteñirse si se exponen a luz solar intensa.

Cinco formas de limpiar un cristal:

- **Sostén el cristal bajo el agua corriente durante unos minutos.**
- **Déjalo al aire libre una noche de luna llena, para que absorba una noche completa de luz de luna.**
- **Colócalo en un cuenco con hierbas, como romero, salvia o lavanda, durante unas horas.**
- **Sahumar es una forma antigua de limpiar la energía con un manojo de salvia seca. Enciende el sahumerio, apaga la llama y pasa el cristal a través del humo fragante.**
- **Rocíalo con un par de gotas de aerosol para limpieza de cristales (puedes adquirirlo en las tiendas de cristales).**

CARGA TUS CRISTALES

Una vez que tus cristales estén limpios, puedes cargarlos con tu voluntad e intención. Tu intención es tu objetivo, es decir, aquello sobre lo que quieres que los cristales te ayuden. Puede ser algo específico, como aprobar un examen, o más general, ¡como salud, amor o felicidad!

Cómo fijar tu intención:

- **Sostén el cristal y declara tu intención y voluntad.**
- **Añade las palabras «esto o algo mejor» (¡puede que te lleves una grata sorpresa!).**
- **Pide a tu cristal que trabaje siempre por el mayor bien para todos.**
- **Finaliza agradeciendo al cristal por su ayuda. Si lo deseas, también puedes pedirle que siga actuando para ti, mientras tú sigues con tu día.**

Cristales y chakras

Los chakras son centros de energía que recorren todo el cuerpo (de arriba hacia abajo). Cuando su energía está equilibrada, se fortalece todo tu sistema.

Cómo equilibrar tus chakras:

- **Recuéstate de espaldas en un lugar cómodo.**
- **Coloca un cristal sobre cada chakra. Cada chakra tiene varios cristales que funcionan mejor con él (consulta la siguiente página). Elige el que más te atraiga.**
- **Permite que tu respiración y tu cuerpo se relajen, y los cristales... ¡harán el resto!**

LOS SIETE CHAKRAS PRINCIPALES

Corona: Espiritualidad
Ubicación: parte superior de la cabeza
Gemas: amatista, cuarzo blanco, selenita

Tercer ojo: Sabiduría interior
Ubicación: entrecejo
Gemas: amatista, obsidiana negra, calcita azul

Garganta: Comunicación
Ubicación: mitad del cuello
Gemas: calcita azul, topacio azul, lapislázuli, aguamarina, turquesa

Corazón: Amor
Ubicación: centro del pecho
Gemas: cuarzo rosa, jade, moldavita

Plexo solar: Confianza
Ubicación: 6 cm (2 pulgadas) por encima del ombligo
Gemas: calcita, topacio, citrino

Sacro: Placer
Ubicación: 6 cm (2 pulgadas) por debajo del ombligo
Gemas: citrino, cornalina, piedra de la luna

Raíz: Conectarse a la tierra y echar raíces (enraizarse)
Ubicación: base de la columna vertebral
Gemas: ojo de tigre, turmalina negra, hematita

Los mejores cristales para meditar

Meditar con cristales

La meditación puede brindarle paz y relajación a tu vida. Meditar con cristales… ¡es aún mejor!

- Podrías conectar con seres superiores que te ayudarán en tu camino.
- Tus sueños serán probablemente más vívidos, con mensajes o símbolos claros.
- Tu capacidad de percibir lo que está a punto de suceder o lo que alguien dirá o hará, puede ser más fuerte.
- Tu conexión con los demás, tu creatividad y tu destino ¡serán mejores que nunca!

Ten un cuaderno cerca cuando medites. ¡Es posible que descubras ciertas cosas que quieras anotar enseguida!

Cómo meditar con cristales:

- Busca un lugar tranquilo donde nadie te moleste.
- Ponte cómoda: recuéstate sobre el suelo o siéntate en un cojín o silla.
- Sostén los cristales elegidos entre tus manos. Siente la energía que fluye por tu cuerpo y el espacio que te rodea.
- Carga los cristales con intención y voluntad para esta meditación (puedes volver a leer la página 11).
- Imagina que esa intención carga tus cristales para que te ayuden.
- Continúa sosteniendo los cristales entre tus manos, o colócalos sobre los chakras que fortalecen.
- Cierra los ojos y relájate. Concéntrate en tu respiración. Permítete hacer algunas inhalaciones profundas y algunas exhalaciones lentas. Inhala. Exhala.
- Permite que la energía del cristal haga efecto, pero no lo fuerces ni te preocupes si no lo hace. Continúa relajándote y respirando profundamente, y observa lo que ocurre. Puede que tengas una fuerte sensación de hacer algo nuevo en tu vida, podrías oír mensajes de otros seres o tener visiones de vidas pasadas. Simplemente presencia todo lo que sucede, sabiendo que estás a salvo.
- Cuando sientas que has llegado al final de tu meditación, cuenta de diez a uno para que tu conciencia regrese a la habitación.

AMATISTA

La amatista es un cuarzo de color lavanda pálido a morado intenso —a veces opaco o traslúcido—, con vetas blancas o claras.

IDEAL PARA

- Desarrollar la espiritualidad
- Profundizar en la meditación
- Potenciar la creatividad

Los antiguos egipcios confeccionaban amuletos de amatista para protegerse del mal.

TRABAJAR CON AMATISTA

Expande tu mente

Recuéstate de espaldas con una pequeña amatista colocada sobre el centro de tu frente (chakra del tercer ojo). La amatista potencia este chakra, lo que aumenta tus capacidades intuitivas.

Siéntete protegida

Sostén una piedra de amatista con tu mano izquierda, apoyada sobre tu mano derecha. Siéntate y respira cada vez más lenta y profundamente. Imagina que la energía morada forma un halo protector alrededor de tu cuerpo.

Suaviza tu descanso

¿Te cuesta conciliar el sueño por la noche? Coloca una amatista debajo de tu almohada antes de acostarte. Para alejar las pesadillas, pasa una amatista por el centro de tu frente (en sentido contrario a las agujas del reloj).

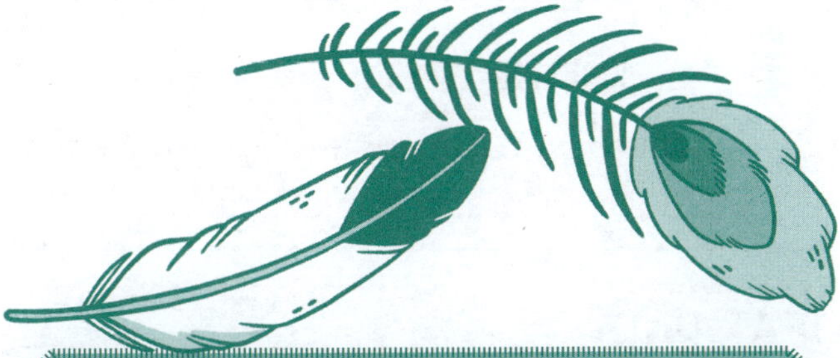

Tres formas de vencer el estrés con amatista:

- **Haz tu propio altar de meditación en tu dormitorio con una geoda de amatista en el centro. Tu altar puede estar sobre una mesa o simplemente sobre una tela extendida en el suelo. Siempre que te sientas estresada, siéntate junto a ella y percibe los poderosos efectos relajantes de la amatista.**
- **Lleva una amatista pequeña en tu bolsillo para protegerte de la energía negativa de los demás.**
- **Sostén una sola amatista con tu mano izquierda con la punta hacia tu brazo izquierdo. Esto atraerá calma a tu cuerpo.**

Angelita

La angelita es blanca por fuera y azul claro por dentro. Las piedras pulidas son generalmente de color azul pálido. Es una celestina muy evolucionada que se ha comprimido durante millones de años.

¡Cuida tus cristales!

Asegúrate de mantener tu angelita seca. Es delicada y puede deteriorarse con el agua.

IDEAL PARA

- Comunicarse con seres superiores
- Desarrollar poderes psíquicos
- Fomentar una comunicación clara

Se cree que la angelita vibra con la frecuencia de la bondad.

TRABAJAR CON ANGELITA

Ayuda a los demás

Si sabes realizar alguna lectura para otras personas, por ejemplo, si utilizas la astrología, lectura de manos o realizas encantamientos (puedes aprender a hacer todo esto con los libros de esta hermosa colección), mantén una pequeña piedra de angelita junto a ti durante ese momento. Esto te ayudará a compartir mensajes con amabilidad y claridad.

Hazte oír

Ponte un collar tipo gargantilla de angelita para limpiar la negatividad de tu chakra de la garganta. Esto suavizará tu discurso y evitará discusiones. También puede ayudarte a encontrar las palabras adecuadas si te sientes intranquila por algo que tienes que decir.

Recuerda tus sueños

Coloca una angelita junto a tu cama si quieres recordar la sabiduría revelada en tus sueños. Esta gema puede ayudarte a interpretar tus sueños.

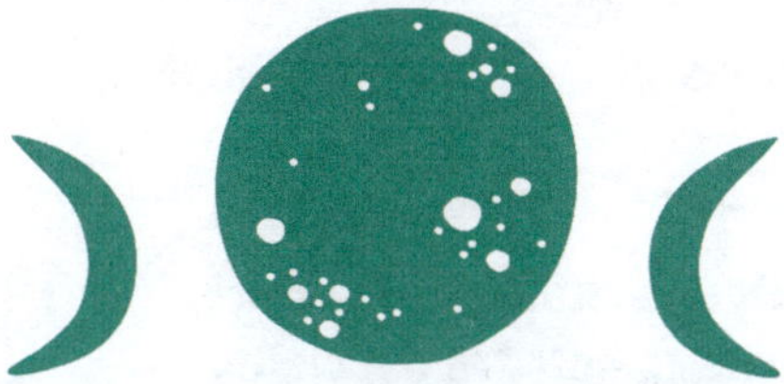

Meditación para recibir orientación espiritual:

- **Sujeta una angelita cuando te dediques a meditar.**
- **Deja que tu mirada descanse sobre ella, con los ojos entreabiertos.**
- **Sintoniza con los reinos superiores, tomando conciencia de cualquier guía que se te envíe. Pueden ser mensajes, símbolos o sensaciones generales.**
- **Respira profundamente varias veces para arraigarte, y luego agradece al cristal.**
- **Anota cualquier mensaje o sensación en un cuaderno.**

Azurita

La azurita es de color azul brillante a intenso y añil, a veces con vetas claras. Su nombre proviene de su hermoso aspecto azulado, que evolucionó durante milenios a través de reacciones químicas entre el cobre, el hidrógeno, el carbonato y el oxígeno.

IDEAL PARA

- Conectar con los reinos superiores
- Alcanzar el estado de calma en el corazón de la meditación
- Recibir experiencias sanadoras y psíquicas

Los antiguos chinos llamaban a la azurita la «piedra del cielo» porque creían que conectaba nuestro reino mundano con el de los dioses.

TRABAJAR CON AZURITA

Abre tu mente

Las energías de este cristal se liberan mejor a través del tacto, así que sostén un cristal alisado de azurita entre tus manos durante la meditación y pídele que te ayude a abrir tu mente a reinos superiores.

Combate el estrés

Lleva un colgante de azurita (o una gema en tu bolsillo) todo el día. Cada tanto, desliza tus dedos suavemente por encima de ella para que te ayude a despejar tu mente del estrés y la tensión.

Aclara tu garganta

Lleva una gargantilla de azurita o coloca un cristal de azurita en la zona de la garganta cuando te recuestes a meditar. Esta gema despeja el chakra de la garganta, de modo que cualquier idea o experiencia que hayas recibido podrá ser perfectamente comunicada.

Tres formas de aumentar tu poder mental:

- **Coloca un cristal de azurita en tu escritorio para tocarlo durante el día y sentir sus energías de expansión mental.**
- **Guarda una pequeña azurita en tu bolsillo cuando estudies para un examen.**
- **Frota un cristal de azurita entre tus dedos para concentrarte mientras trabajas.**

Turmalina negra

La turmalina negra, también conocida como *chorlo*, es de color negro o azul muy intenso. Suele formarse en lugares con mucho calor y presión, como los respiraderos hidrotermales y las cavernas subterráneas.

IDEAL PARA

- Protegerse de los pensamientos y las energías negativas
- Enraizarse
- Aliviar las situaciones de estrés y los mareos

La turmalina negra es uno de los cristales más utilizados en la meditación. Proporciona un escudo protector contra la energía negativa de personas o lugares.

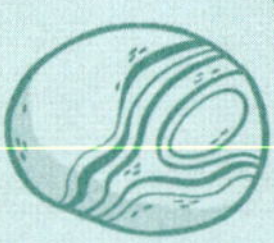

TRABAJAR CON TURMALINA NEGRA

Despeja tu mente

Siéntate a meditar rodeada de una red de cristales de turmalina negra. Esto despejará tu mente y limpiará tus emociones de todo aquello que te agobia (consulta las páginas 56-57 para saber cómo hacer una «red de cristales»).

Limpia tu aura

Sostén un cristal liso de turmalina negra en tu mano izquierda y un cristal de selenita en tu mano derecha para limpiar tu aura mientras meditas.

Confía en ti misma

Si te sientes nerviosa por un próximo evento social, lleva un colgante de turmalina negra para fomentar la sensación de autoconfianza y poder personal.

Tres formas de desterrar la negatividad:

- **Lleva un broche de turmalina negra en tu lado izquierdo por si te encuentras entre personas enfadadas o que drenan tu energía.**
- **Si te sientes ansiosa, molesta o enfadada, prueba dormir con una turmalina negra en la funda de tu almohada.**
- **Si hay un área de tu hogar donde sientes negatividad, coloca un cristal grande de turmalina negra para cambiar la energía.**

Calcita azul

La calcita azul es de color azul claro opaco y blanco. Toma su nombre de las palabras latinas y griegas *calcis* y *khalx*, que significan «cal».

Los antiguos egipcios usaban calcita azul para confeccionar pequeños objetos decorativos, como figuras y estatuillas.

IDEAL PARA

- Suavizar emociones
- Promover la paz interior
- Clarificar la comunicación

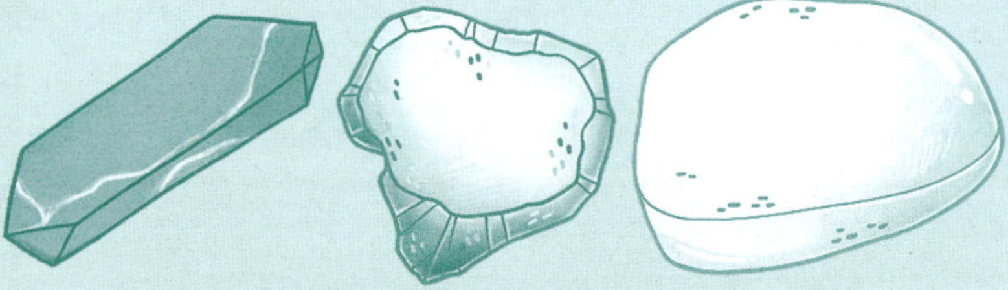

TRABAJAR CON CALCITA AZUL

Equilibra tu chakra del tercer ojo

Coloca una piedra lisa de calcita azul sobre el centro de tu frente mientras estás recostada. Equilibrar este chakra puede resolver desacuerdos y ayudarte a encontrar nuevas formas de ver situaciones. Como la calcita azul también abre y fortalece el chakra de la garganta, te ayudará a explicar cualquier sensación que tengas.

Concilia el sueño

Dormir con una calcita azul sobre la mesa de noche puede ayudarte a conciliar un sueño reparador. También puede aumentar la vivacidad de tus sueños y ayudarte a comprender su simbolismo.

Envía salud

La calcita azul es un buen cristal para enviar salud a personas o lugares que estén lejos. Si envías pensamientos sanadores a un amigo o familiar mientras sostienes un cristal de calcita azul, es seguro que le llegarán.

Meditación para tener una perspectiva más optimista:

- **Siéntate tranquilamente, sosteniendo un cristal de calcita azul con ambas manos.**
- **Di en voz alta: «Estoy conectada con la energía relajante del universo».**
- **Repite estas palabras tantas veces como quieras, hasta que estés totalmente relajada.**
- **En este estado, tu lado creativo se llenará de ideas e intereses.**
- **Respira profundamente unas cuantas veces para enraizarte, luego agradece al cristal.**
- **¡Recuerda anotar todas tus nuevas ideas!**

Topacio azul

El topacio azul es un cristal azul claro y traslúcido. El topacio se extrae en muchas partes del mundo, como China, Estados Unidos, Rusia, México y Brasil.

IDEAL PARA

- Tener paz interior
- Revelar la verdad
- Conectar con seres superiores

Esta gema era venerada por los antiguos egipcios, quienes creían en sus poderes místicos, otorgados por Ra, dios del sol.

TRABAJAR CON TOPACIO AZUL

Resuelve problemas

Si necesitas pensar en un problema complicado, entonces medita con topacio azul. Deja que su poder fluya a través de ti durante unos minutos, luego pon tu mente a trabajar con energía renovada.

Encuéntrate a ti misma

Contemplar el suave azul de este cristal puede ayudarte a conectar con tu verdadero yo. Pondrá de relieve cualquier patrón en tus acciones que puedan impedirte ser plenamente tú misma.

Establece objetivos

Fíjate objetivos mientras te sientas tranquilamente con un topacio azul. Intenta imaginar todos los detalles de cómo se desarrollarán estos objetivos, y el efecto positivo que tendrán en tu vida. A continuación, carga tu cristal con esa energía creativa de «poder hacer», y confía. ¡Todo saldrá bien!

Meditación para conectar con tu guía interior:

- **Recuéstate sobre tu espalda con un topacio azul sobre el chakra de la garganta y otro sobre el chakra del tercer ojo.**
- **Piensa en la situación que no tienes clara.**
- **El topacio azul te ayudará a entender lo que te gustaría o no en tu vida.**
- **Dedica unos minutos a relajarte mientras dejas que estas ideas fluyan.**
- **Cuando finalices la meditación, recuerda enraizarte con unas cuantas respiraciones profundas.**
- **Agradece a los cristales y anota en un cuaderno lo que has aprendido.**

CUARZO BLANCO

El cuarzo blanco es un cristal traslúcido que resplandece con la luz. Es el mineral más común y poderoso de la Tierra.

¡Cuida tus cristales!

Debido a que es un fuerte potenciador de energías, recuerda limpiar tu cuarzo blanco regularmente (consulta la página 10).

IDEAL PARA

- Energizarse
- Potenciar tu capacidad intuitiva
- Aumentar los poderes de otros cristales

El cuarzo blanco es conocido como el «maestro sanador». Era una herramienta mágica para los celtas, mayas, aztecas, egipcios y nativos americanos, que creían que estos cristales encarnaban lo divino.

TRABAJAR CON CUARZO BLANCO

Conecta con los reinos superiores

Carga el cuarzo con tu intención de conectar con seres superiores. Te ayudará cada vez que medites con él. Anota cualquier sensación o impresión que tengas mientras meditas, ya que todo esto se trata de comunicación.

Ámate a ti misma

Siéntate tranquilamente y sostiene un cristal de cuarzo sobre el chakra del corazón. El cristal disolverá cualquier bloqueo y te guiará hacia la autoaceptación y el amor.

Suaviza tu descanso

Duerme junto a un cuarzo blanco y deja que te ayude a descansar mejor y a tener sueños memorables y significativos.

Meditación para lograr tus objetivos:

- **Escribe tu objetivo principal en un papel.**
- **Ahora imagina que has conseguido ese objetivo. Piensa en ello en detalle: qué sucedería, cómo te sentirías y cómo cambiaría tu vida para mejor.**
- **Siéntate con un cuarzo blanco sobre tu regazo e imagina que esta energía carga el cristal.**
- **Cuando hayas finalizado, envuelve el cristal en el papel y duerme con él junto a tu cama.**

Labradorita

La labradorita es de color verde opaco, negro o blanco ahumado con un arcoíris de matices, que incluye el azul brillante, el verde pálido, el rojo cobrizo y destellos dorados. Su nombre proviene de Labrador, en Canadá, donde fue descubierta.

IDEAL PARA

- Atraer la magia
- Proteger
- Mejorar el ánimo

El deslumbrante arcoíris dentro de este cristal se parece a la aurora boreal —o luces del norte—, de donde el pueblo inuit cree que proviene el cristal.

TRABAJAR CON LABRADORITA

Protégete a ti misma

La labradorita protege a todo aquel que quiera viajar a reinos superiores cuando meditan. Coloca una pequeña labradorita cerca para mantenerte a salvo en tus viajes interiores y protegerte de la energía negativa.

Abre tus chakras

Pide a la labradorita que abra todos tus chakras. A continuación, sujeta un cristal e imagina que sus tonos arcoíris inundan cada uno de tus chakras con una luz poderosa.

Alcanza el equilibrio

La labradorita es conocida como la «piedra del equilibrio». Meditar con este cristal puede ayudarte a equilibrar la oscuridad y la luz dentro de ti.

Meditación para energizarte:

- **Siéntate al aire libre sosteniendo el cristal. La labradorita es más fuerte al anochecer y al amanecer, cuando la luz cambia.**
- **Siente la energía del arcoíris moviéndose a través de ti, transformando tu cuerpo en rayos mágicos que brillan en azul, verde, púrpura, morado y dorado.**
- **Abre los ojos; nota la calma y la energía que sientes.**
- **Agradece al cristal y respira profundamente unas cuantas veces para enraizarte.**

Selenita

La selenita es de color blanco puro o traslúcido.
Crece de forma natural en forma de varillas.

¡Cuida tus cristales!

La selenita puede limpiarse en agua en la que haya brillado la luz de la luna llena, pero nunca la dejes en el agua, ¡porque se disolverá!

IDEAL PARA

- Conectar con los reinos superiores
- Desviar la negatividad
- Estimular la intuición

El nombre de este cristal proviene de Selene, la antigua diosa griega de la luna, y al igual que ella, representa la calma, la bendición y la luz celestial.

TRABAJAR CON SELENITA

Conecta con seres superiores

Recuéstate de espaldas con una varilla de selenita apuntando hacia tu cabeza sobre el chakra del corazón apuntando, y coloca otra varilla sobre el suelo apenas tocando el chakra corona, respira profundamente y siente la calma que aporta este cristal.

Crea un red de energía

Puedes crear redes de energía en casa utilizando varias de estas varillas. Recuéstate en medio de una red de selenita y nada negativo vendrá a ti (consulta las páginas 56-57 para saber cómo hacer una «red de cristales»).

Meditación para promover la paz:

- Siéntate erguida. Inspira profundamente e imagina que una luz blanca y pura recorre tu cuerpo. Exhala y relájate.
- Sostén tu selenita en la mano izquierda. Coloca tu mano derecha debajo de la izquierda, acunando el cristal sobre tu regazo.
- Contempla con amabilidad tu selenita y siente que brillas con su energía blanca.
- Sujeta el cristal en la parte superior de tu cabeza (chakra corona) y deja que la luz blanca de la selenita entre en ella.
- Mueve la gema hacia tu frente (chakra del tercer ojo) y mantenla allí durante unos minutos.
- Confía en que estás a salvo, y deja que tu mente viaje a donde quiera ir, tal vez a lugares familiares ¡o incluso a las estrellas!
- Respira profundamente para enraizarte y agradece al cristal cuando hayas finalizado.

Los mejores cristales para manifestar

MANIFIESTA TUS DESEOS

Manifestación significa convertir los pensamientos en realidad. Todo lo que queremos comienza como un pensamiento, ya sea tener más éxito en los estudios, iniciar un hábito saludable ¡o incluso conseguir que tu enamorado se fije en ti! Puedes utilizar los cristales para ayudarte a manifestar estos pensamientos, haciendo que tus sueños se vuelvan realidad. Aquí te explicamos cómo.

Descubre lo que te bloquea

Medita con el cristal adecuado para descubrir lo que te impide alcanzar todo tu potencial. Puede ser el miedo, el dolor, la tristeza o el agotamiento. Tómate tiempo para ser amable contigo misma y saber que estos sentimientos pasarán con el tiempo.

Ten una actitud agradecida

Recuerda valorar todo lo que tienes. Siempre hay algo en lo que te puedes centrar en el presente para estar agradecida. Sentir gratitud aumenta el flujo de energía positiva a tu alrededor y atrae más cosas maravillosas a tu camino.

Medita sobre lo que realmente quieres

Meditar con cristales abrirá tus chakras para potenciar tu energía y atraer las oportunidades que necesitas para triunfar.

Establece la intención

Intenta establecer la intención con una afirmación positiva. Imagínate que tu vida funciona como quieres, y envía esa visualización al cristal para cargarlo con tu intención.

Empodérate

Guarda el cristal cargado en tu bolsillo o duerme con él bajo la almohada. También puedes llevarlo como colgante para estar en contacto con su poderosa energía todo el día. Te dará el poder de tomar buenas decisiones, que te llevarán por el mejor camino.

CITRINO

El citrino es un cuarzo de color amarillo pálido a ámbar y naranja. El amarillo proviene de las impurezas de hierro que estaban presentes en la Tierra cuando este tipo de cuarzo se formó. Su nombre proviene de la palabra latina *citrina*, que significa «amarillo».

¡Cuida tus cristales!

El citrino nunca necesita ser limpiado, pero para potenciar su brillo puedes dejarlo a la luz del sol desde el amanecer hasta el mediodía en el solsticio de verano. Eso sí, no lo dejes demasiado tiempo al sol ¡o podría agrietarse!

IDEAL PARA

- Fortalecer la sabiduría interior
- Impulsar la creatividad
- Manifestar riqueza

Hace mucho tiempo, los comerciantes colocaban este cristal en sus bóvedas como un amuleto mágico para mantener su dinero a salvo.

TRABAJAR CON CITRINO

Enciende tu imaginación

Contempla un citrino e imagina la energía clara de la luz del sol de la mañana rodeando tu cuerpo. Meditar con citrino ayuda a activar tu imaginación... Esto es útil ¡porque necesitas imaginar el futuro que quieres antes de poder hacerlo realidad!

Gasta con sabiduría

Se cree que el citrino decisiones sabias en relación con el dinero. Lleva un citrino cuando salgas de compras para asegurarte de no comprar nada de lo que luego te arrepientas, o guarda un pequeño citrino en la cartera ¡para proteger tus ahorros!

Ritual para atraer dinero:

- **Debes realizar este ritual bien temprano en la mañana, así que asegúrate de hacerlo al principio del día.**
- **Enciende una vela amarilla junto a un citrino para cargar el cristal.**
- **Imagina (y siente realmente) que tu deseo se hace realidad mientras sostienes el cristal en tu mano dominante (tu mano derecha, si eres diestra, o tu mano izquierda, si eres zurda).**
- **Ahora imagina que esta visión carga el cristal con la energía necesaria para ayudarte a poner en práctica tus planes.**
- **Guarda el cristal completamente cargado en tu bolso para atraer riqueza.**

VENTURINA VERDE

La venturina verde es un cuarzo oxidado y opaco, de color verde claro a medio. A menudo contiene incrustaciones brillantes de mica, que la hacen resplandecer cuando se pule. Suele ser verde, pero también se presenta en azul, rojo, marrón rojizo, naranja, melocotón, amarillo, plateado o púrpura polvoriento.

¡Cuida tus cristales!

Debes limpiar este cristal con frecuencia, ya que absorbe la energía negativa. Colócalo en el exterior para que se recargue completamente durante la noche, cubierto con un puñado de tierra.

IDEAL PARA

- Crear oportunidades
- Atraer la buena suerte
- Manifestar prosperidad

En el antiguo Tíbet se creía que la venturina verde mejoraba la vista, por lo que los escultores decoraban sus estatuas con ella, para mostrar el poder «visionario» de su obra.

TRABAJAR CON VENTURINA VERDE

Aumenta tu suerte

La venturina verde, a veces llamada la «piedra de la oportunidad», es un cristal que debes tener a mano ¡si necesitas buena suerte! Prueba llevarla como colgante, broche o pendientes, o simplemente lleva una venturina en tu bolsillo.

Mejora tu estado de ánimo

Medita con una piedra de venturina verde cuando estés enfadada, estresada o triste, y absorberá la energía negativa. Imagínate que las emociones negativas se drenan en el cristal, dejándote limpia. Cuando finalices, limpia el cristal y recárgalo.

Hazte feliz

Trabajar con venturina verde puede darte un renovado entusiasmo por la vida, lo que contribuirá a atraer mejor suerte. Te mostrará que la energía positiva que emites en el mundo regresa a ti. ¡De eso se trata manifestar buenos resultados!

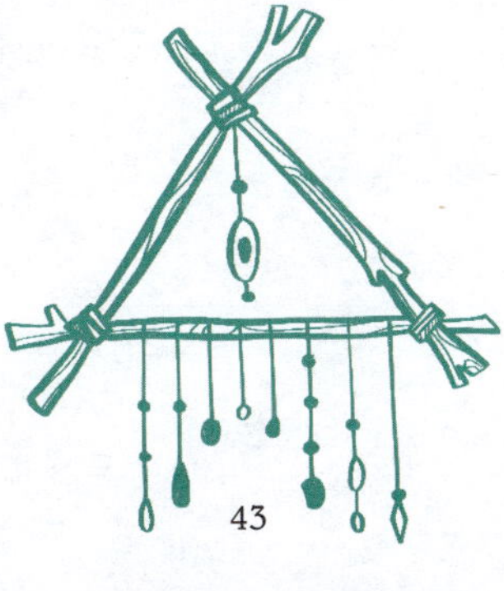

JADE VERDE

Jade es el nombre de dos minerales diferentes: la nefrita, de color verde oscuro y aspecto vidrioso, y la jadeíta, más clara, opaca y cerosa. La mejor forma de distinguirlas es golpearlas con un objeto duro: la nefrita emitirá una nota musical, la jadeíta, no. Pero ambas ayudan a proteger tus finanzas y a atraer más riqueza.

El jade es el cristal sagrado de los maoríes de Nueva Zelanda, que lo llaman la «piedra verde».

IDEAL PARA

- Sanar el corazón para atraer el amor y la amistad
- Equilibrar la mente, el cuerpo y el espíritu
- Ayudar a concretar sueños

TRABAJAR CON JADE VERDE

Anímate a tener sueños significativos

Coloca una gema de jade verde sobre tu frente antes de irte a dormir. Esto te ayudará a recordar y comprender tus sueños.

Vive desde el amor

Sostén el jade verde sobre tu corazón y sentirás sus fuertes energías pulsando a través de todo tu cuerpo. Imagina que el cristal sana tu corazón y anima tu espíritu para avanzar con amor. Utiliza esta energía renovada para convertir tus deseos en realidad.

Sé tú misma

Deja que este cristal te recuerde que todos somos seres espirituales en un viaje personal, y que hacemos lo mejor que podemos. Lleva un colgante de jade verde todos los días para ayudarte a ser quien realmente eres en todo momento.

Favorece tus estudios

Coloca un jade verde sobre tu escritorio para impulsar el éxito en tus estudios. El jade puede ayudarte a agudizar tu mente cuando analizas datos y cifras.

Mantén la calma

Frota una pequeña y suave gema de jade verde con tus dedos. Esto te brindará calma si te enfrentas a situaciones difíciles o si te sientes abrumada por las actividades diarias.

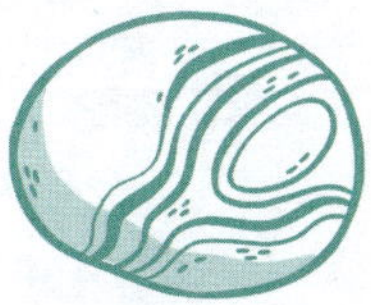

Pirita

La pirita es un oro centelleante y plateado que se encuentra en racimos o cubos. Es más ligera, dura y quebradiza que el oro auténtico. Su nombre proviene de la palabra griega *pyr* o *pyros*, que significa «fuego», porque desprende chispas cuando se golpea con el metal o el cristal.

IDEAL PARA

- Atraer la riqueza
- Animarse a sí mismo a crear mejores hábitos
- Impulsar habilidades de liderazgo

Un apodo común para la pirita es «oro de los tontos», ya que su apariencia suele confundir a las personas, quienes creen haber encontrado ¡oro auténtico!

TRABAJAR CON PIRITA

Manifiesta el éxito

Todas las mañanas, sostén una pirita en tu mano mientras observas tu reflejo en un espejo. Contémplate amorosamente a los ojos y pronuncia estas palabras: «Merezco el éxito ahora».

Despierta tu guerrera interior

Este cristal está asociado a las cualidades necesarias para el éxito: una fuerte voluntad, concentración y determinación. Guarda una gema pulida de pirita en tu bolsillo durante todo el día y úsala como un espejo para recordarte a ti misma que tienes todas estas cualidades.

Impulsa tu creatividad

La pirita es un excelente cristal para llevar en la mochila (o bolso) porque te ayuda a sentirte conectada con los proyectos a largo plazo.

Alivia el estrés

Coloca una pirita sobre tu escritorio para atraer su energía brillante y de alta frecuencia. Esta energía eliminará el estrés causado por el trabajo o los estudios.

Cuarzo rosa

El cuarzo rosa tiene un tono rosado debido a trazas de titanio, hierro o manganeso. Suele presentarse como rocas macizas, aunque a veces crece en racimos de pequeños cristales. Su claridad varía de opaca a traslúcida, y de traslúcida a una transparencia brumosa.

Las cuentas de cuarzo rosa que han sido descubiertas se remontan a los 7 000 a. de C., en la región conocida como Mesopotamia, actual Irak.

IDEAL PARA

- Manifestar amor incondicional
- Atraer el romance
- Favorecer la sanación

TRABAJAR CON CUARZO ROSA

Atrae el romance

Utiliza el cuarzo rosa para erigir un altar en el extremo derecho de tu dormitorio (toma como referencia la puerta). Tu altar puede ser una pequeña mesa, el asiento de una silla o también una tela en el suelo. Sobre una mesa, una caja volteada o cualquier otra superficie cubierta con una bonita tela, coloca un cuarzo rosa en el centro, junto con dos velas rojas o rosas para encenderlas mientras meditas. Añade otros símbolos de amor, como un ramo de rosas u otras flores o adornos.

Meditación para darle la bienvenida al amor:

- **Recuéstate de espaldas en un lugar cómodo. Respira profundamente varias veces y cierra los ojos.**
- **Coloca un pequeño cuarzo rosa en el centro de tu pecho (chakra del corazón).**
- **Inhala su energía e imagina que su suave tono rosa cubre todo tu cuerpo de amor.**
- **Contempla esta suave energía rosa de amor que colma tu chakra del corazón. Deja que disuelva cualquier negatividad.**
- **Continúa respirando esa energía relajante y cálida del amor del cuarzo rosa mientras sigues con tu día.**

Ojo de tigre

El ojo de tigre es un tipo de cristal de cuarzo que se extrae principalmente en África y Australia. Los cristales son muy llamativos por sus inusuales remolinos o rayas sedosas, marrones y doradas, que recorren la piedra.

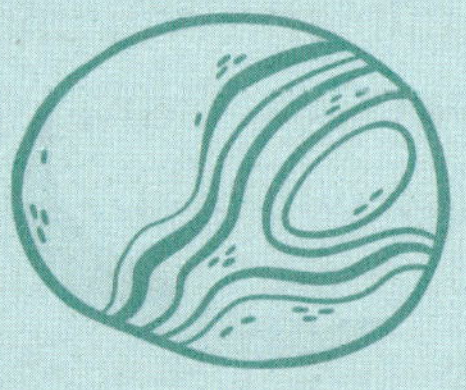

IDEAL PARA

- Atraer la suerte e iniciativa en nuevos proyectos
- Impulsar la creatividad
- Incrementar la fuerza de voluntad

Los antiguos egipcios creían que el ojo de tigre transmitía el poder de Ra, dios del sol, y los romanos llevaban esta gema a las batallas para fomentar la valentía.

TRABAJAR CON OJO DE TIGRE

Apacigua las discusiones

El ojo de tigre puede ayudarte a mejorar las relaciones familiares. Coloca varios cristales pequeños por la casa para equilibrar y suavizar las relaciones. Es una de las mejores gemas para tener cerca ¡si estás intentando resolver una discusión!

Atrae el dinero

Guarda una gema pulida de ojo de tigre en un cuenco y añade una moneda pequeña cada día durante un año. Ubícalo en un lugar cálido, en la zona de prosperidad de tu hogar (en la esquina izquierda de la puerta principal) para atraer riqueza.

Tres formas de ayudarte en tus estudios:

- **El ojo de tigre es un gran cristal con el que puedes meditar si estás comenzando un nuevo proyecto. Te guiará a tomar decisiones equilibradas que te conducirán al éxito.**
- **Coloca un cristal de ojo de tigre en tu escritorio, en tu hogar o lugar de estudios para manifestar la buena suerte.**
- **Una pequeña gema en tu bolsillo te ayudará a mantenerte enfocada y a utilizar tus talentos con sabiduría.**

Cuarzo arcoíris de titanio

El cuarzo arcoíris de titanio es una gema artificial que ha sido especialmente unida al titanio para dotarlo de un brillo multicolor.

Este cristal es conocido como el «cristal de la manifestación». Es el más poderoso de los cristales de cuarzo revestidos porque el titanio (el metal del poder) potencia los efectos del cuarzo.

IDEAL PARA

- Energizar todos los chakras
- Despertar tu verdadero yo
- Encontrar formas creativas de expresarse

TRABAJAR CON CUARZO ARCOÍRIS DE TITANIO

Sé tú misma

Lleva un cuarzo arcoíris de titanio o una pequeña gema en tu bolsillo para manifestar más energía y disfrute en tu vida. Se cree que este cristal despierta partes de ti que han estado dormidas, lo que significa que puedes revelar más de tu verdadero yo al mundo.

¡Escribe!

Este es un gran cristal para impulsar tu creatividad y ayudarte a expresarte con palabras. Coloca un racimo de cuarzo arcoíris de titanio sobre tu escritorio para inspirar tu escritura, ya sean cuentos, correos electrónicos ¡o incluso tu novela soñada!

Cinco minutos de meditación arcoíris:

- **Dedica cinco minutos al día a contemplar los tonos del arcoíris de este cristal.**
- **Pídele que limpie tu aura de cualquier bloqueo que te impida alcanzar tus objetivos.**
- **Imagina que el cristal te conecta con la orientación que necesitas. Te ayudará a ponerte en contacto con los reinos superiores cuando busques inspiración o sabiduría. Esto te dará la confianza para pedir al universo lo que en realidad deseas.**

Recetas con cristales

La combinación de diferentes cristales puede crear poderosas recetas para atraer el amor, la riqueza y el éxito a tu vida.

ATRAE EL DINERO A TU VIDA

1. Ubica la esquina de prosperidad de tu dormitorio (es la esquina posterior izquierda, cuando estés de pie en la puerta, mirando hacia adentro).
2. Esta zona debe estar completamente libre de desorden.
3. Coloca un jade verde, un ojo de tigre y una pirita en un pequeño cuenco en esta zona de tu habitación.

ATRAE EL AMOR A TU VIDA

1. Consigue una gema de amatista y de cuarzo rosa de tamaños similares.
2. Colócalas sobre un papel y dibuja un corazón alrededor de ellas.
3. Recorta el corazón y ubícalo sobre tu mesa de noche con la amatista y el cuarzo rosa en su centro.

MANIFIESTA EL ÉXITO

1. Coloca el citrino, la venturina verde y la turmalina negra sobre tu escritorio mientras estudias.
2. Cuando termines de estudiar, guarda los cristales en una pequeña bolsa (de pana o terciopelo).
3. Duerme con la bolsa debajo de tu almohada o sobre la mesa de noche.

ACCEDE A TU SABIDURÍA INTERIOR

1. Sostén una piedra de la luna en una mano y un cuarzo rosa en la otra.
2. Concéntrate en la pregunta que quieres que tu sabiduría interior responda.
3. Cierra los ojos e imagina que la energía de los cristales fluye a través de ti, hasta que brilles positivamente con encanto divino.
4. Ahora abre los ojos. Tu sabiduría interior estará despierta, serás consciente de tus emociones más profundas y conocerás la verdad.

Crea una red de cristales

La combinación de algunos cristales en una red los vuelve aún más poderosos. Sus energías se mezclarán con la geometría sagrada de la formación sobre la que los coloques, y esto aumenta su capacidad de atraer lo que deseas.

LA SEMILLA DE LA VIDA

Materiales:
Bolígrafo y papel
Cuarzo blanco
Iolita
Pirita
Citrino
Jade verde

SI ALGUNO DE LOS CRISTALES QUE NECESITAS AÚN NO LO CONOCES, BUSCA EN EL ÍNDICE DE LAS PÁGINAS 126 Y 127 DÓNDE PUEDES ENCONTRARLO.

Paso a paso

- Dibuja el patrón de la «semilla de la vida» que se muestra en la siguiente página. Su símbolo combinado con los cristales te ayudará a conseguir tu objetivo.
- Limpia los cristales que utilizarás y cárgalos con energía (consulta las páginas 10-11).
- El primer día de la luna nueva, pon el cuarzo blanco en el centro para potenciar las energías de los demás cristales.

- A continuación, coloca las otras gemas en las posiciones que te parezcan adecuadas.
- A medida que ubiques cada cristal en la red, tómate un tiempo para sentir su frecuencia y cargar tu intención, por ejemplo, manifestar amor, riqueza o éxito.
- Medita sobre los cristales, pidiéndoles que trabajen para manifestar tus deseos en el momento adecuado.
- Deja la red en su lugar, sin tocarla durante un mes, ¡necesita tiempo para hacer su magia!

El patrón geométrico de la «semilla de la vida» es un diseño sagrado compuesto por siete círculos que representan infinitos caminos posibles.

Los mejores cristales para el hogar

Cristales en tu hogar

¡Tener cristales en tu casa solo puede hacerte más feliz! Elige los cristales adecuados para cada área de tu espacio vital, ya que pueden proteger, brindar paz o energizar. Asegúrate de que los cristales estén limpios y cargados con tu intención antes de usarlos (consulta las páginas 10-11).

¡INTÉNTALO EN CASA!

- Ciertos cristales esparcidos por tu dormitorio emitirán su energía en las áreas en las que estén ubicados. La celestina y la calcita azul pueden levantar el ánimo, mientras que la amatista y el cuarzo blanco pueden ayudarte a conectar con los reinos superiores mientras meditas.

- Un pequeño cuenco de cristales mantendrá el ambiente equilibrado y optimista, incluso si ha habido un conflicto. Se cree que el ágata de lazo azul es relajante, mientras que una gema grande de selenita puede generar una atmósfera pacífica y positiva.

- Trucos sencillos con cristales incluyen guardar un pequeño citrino en tu bolso para aumentar la riqueza o colocar una ágata musgosa debajo de la cama de tu inquieta mascota para ayudar a calmarla.

- Los cristales pueden ayudar a nuestra salud porque nos protegen de los efectos de la frecuencia electromagnética y la radiación de la tecnología moderna. Colocar turmalina negra o cuarzo ahumado entre tú y tu dispositivo electrónico puede absorber cualquier energía potencialmente dañina.

Ámbar

El ámbar suele ser dorado traslúcido, pero también amarillo, marrón, azul, morado, verde o negro. El ámbar no es en realidad un cristal, sino una resina fosilizada de antiguas coníferas.

IDEAL PARA

- Felicidad en el hogar
- Atraer el amor
- Mantener la calma

El ámbar a veces contiene plantas fosilizadas o insectos en su interior. Por eso, se creía que esta gema atesoraba la esencia de la vida y era considerada sagrada por muchos pueblos antiguos.

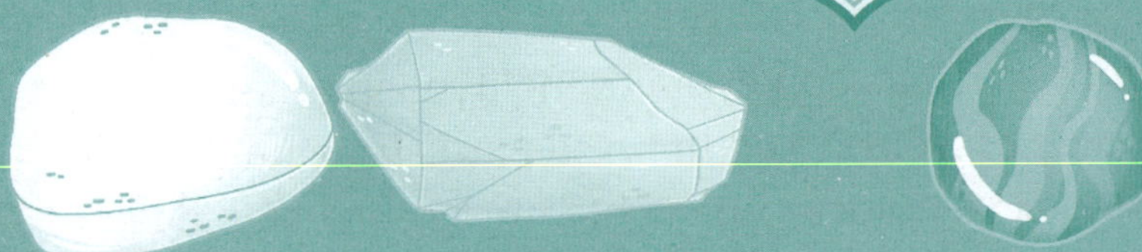

TRABAJAR CON ÁMBAR

Encuentra el amor

Si lo que quieres es un nuevo amor en tu vida, ¡carga un ámbar con esta intención y llévalo como colgante! Se conectará con el chakra del plexo solar y el chakra sacro para darte la energía necesaria para cumplir tus deseos.

Previene el dolor de cabeza

El ámbar anima al cuerpo a sanarse a sí mismo e incluso fue utilizado como amuleto protector en el antiguo Egipto. Siéntate junto a un pequeño ámbar mientras estudias para mantener tu mente despejada y prevenir los dolores de cabeza por estrés.

Tres formas de transformar la energía negativa:

- **Lleva un colgante de ámbar para absorber la energía negativa o transformarla en energía positiva.**
- **Una gran gema de ámbar en el centro de tu dormitorio puede ayudarte a desterrar los sentimientos de tristeza y ansiedad.**
- **Crea una zona cómoda en tu dormitorio donde puedas sentarte y contemplar una gema de ámbar brillante todos los días de invierno para ahuyentar la tristeza que puede provocarte el frío.**

Obsidiana negra

La obsidiana negra es de color negro puro y brillante o marrón muy oscuro. Está compuesta de tierra, agua y fuego, y se forma a partir de lava fundida en las últimas etapas de las erupciones volcánicas.

¡Cuida tus cristales!

No dejes la obsidiana en el suelo ni la olvides en cualquier lugar, ya que debe limpiarse regularmente de toda la energía negativa que absorbe. Para ello, colócala bajo una fuente de luz.

IDEAL PARA

- Protección
- Deshacerse de energía negativa
- Reducir el estrés

La obsidiana negra fue pulida y utilizada como espejo por los mayas y otras civilizaciones antiguas.

TRABAJAR CON OBSIDIANA NEGRA

Limpia la energía negativa

Tener obsidiana en tu hogar lo convierte en un verdadero refugio. Se la conoce como el «aspirador psíquico», porque limpia la energía negativa del entorno. Pondrá una barrera para protegerte de los invitados no deseados y te permitirá abstraerte del mundo por un rato.

Aumenta tu fuerza

Se cree que la obsidiana negra profundiza tu conexión con la naturaleza. Coloca una gema grande sobre una mesa o una pared en tu patio o jardín y te sentirás más en sintonía con el mundo físico.

Energiza tus estudios

Si tus tareas te resultan difíciles, coloca una obsidiana en la zona de tu hogar conectada con la profesión (la esquina izquierda si miras hacia el interior de tu casa desde la puerta principal). Un pequeño cuenco de cristales de obsidiana te ayudará a equilibrar tu energía, absorber el estrés e impulsar la creatividad... para que tu vida pueda fluir ¡sin problemas!

ÁGATA DE LAZO AZUL

El ágata de lazo azul es de color azul muy pálido con líneas blancas o de un azul más oscuro. Este hermoso cristal, con delicadas bandas y dibujos que parecen encajes, es un tipo de calcedonia, un mineral de la familia del cuarzo.

IDEAL PARA

- Crear un ambiente tranquilo
- Promover una comunicación clara
- Equilibrar las emociones

El ágata de lazo azul es fría al tacto, y se cree que ayuda a evitar las picaduras de insectos.

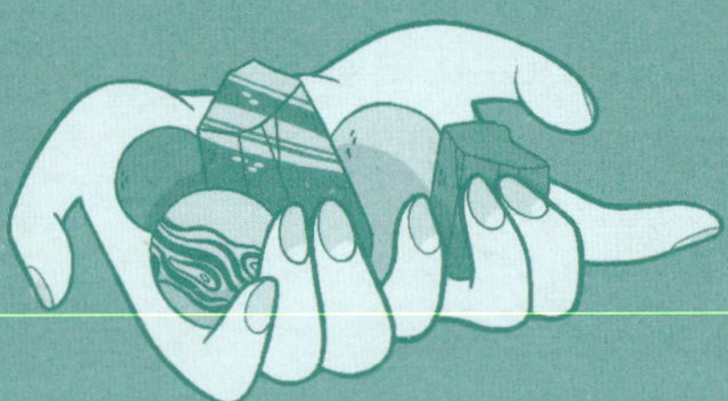

TRABAJAR CON ÁGATA DE LAZO AZUL

Suaviza tu descanso

Sobre tu mesa de noche, la energía relajante y tranquila del ágata de lazo azul aliviará en gran medida la ansiedad, el estrés o el nerviosismo.

Recupera la confianza en ti misma

El ágata de lazo azul te ayuda a encontrar tu propia voz. Restablece la confianza y te permite decir tu verdad con amabilidad. Llévala como colgante o gargantilla, para que realmente haga su magia sobre el chakra de la garganta.

¡No más discusiones!

Si te encuentras inmersa en discusiones que te estresan y enfadan, enciende una vela azul rodeada de gemas de ágata de lazo azul para devolver la calma.

Utiliza una brújula para conocer la orientación de tu casa y coloca una gema de ágata de lazo azul en los siguientes puntos cardinales para conseguir salud, riqueza y felicidad:

Norte: para que tu vida fluya sin complicaciones
Este: para mejorar la salud
Sureste: para incrementar la riqueza
Suroeste: para avivar el romance

Celestina

La celestina suele presentarse en racimos y geodas de color azul claro, pero también puede encontrarse en blanco, naranja, rojo y marrón. Su nombre proviene de una palabra griega que significa «celestial»".

IDEAL PARA

- Conectar con los reinos superiores
- Crear un ambiente de calma
- Relaciones reconfortantes

La mayor geoda conocida del mundo es de celestina. Se encontró en una isla del lago Erie, en Norteamérica. El propietario del terreno la convirtió en una cueva de cristal para los turistas.

TRABAJAR CON CELESTINA

Profundiza tu meditación

Recuéstate con gemas de celestina colocadas sobre los chakras de la garganta, el tercer ojo y la coronilla (consulta la página 13), y flotarás sin esfuerzo hacia una meditación profunda. Los miedos y las inseguridades se desvanecerán, ya que te darás cuenta de que estás protegida por seres superiores.

Promueve la paz

Si una habitación de tu hogar se siente caótica, coloca una gema de este cristal azul claro en un lugar destacado para crear un ambiente armónico y pacífico. La celestina tiene una energía suave y edificante que limpia el área circundante. Esto permite relajarte y sentir la presencia de los reinos superiores.

Duerme bien

Por su capacidad de aportar calma, la celestina es un cristal perfecto para el dormitorio, ya que te permite conciliar el sueño sin problemas. Es posible que experimentes viajes fantásticos en sueños ¡y los recuerdes por la mañana! Una pequeña celestina debajo de tu almohada te ayudará a apaciguar el miedo a la oscuridad.

Fluorita

La fluorita es de color verde, azul, púrpura, marrón o traslúcida, y en ocasiones ¡todo a la vez! Brilla cuando se expone a la luz ultravioleta.

¡Cuida tus cristales!

Deberías limpiar la fluorita a menudo: ¡es un cristal tan protector que absorbe mucha energía negativa! Es ideal limpiarla en un arroyo o en un recipiente con agua durante la noche.

IDEAL PARA

- Proteger
- Organizar
- Motivar

La fluorita se utilizaba en la antigua Roma para confeccionar lujosas copas para beber.

TRABAJAR CON FLUORITA

Mejora la energía de tu hogar

La fluorita te ayuda a organizar todo, desde el desorden de tu dormitorio ¡hasta tus relaciones! Tener fluorita en tu casa te permitirá estructurar tu vida diaria, te ayudará a aprender y pensar mejor y elevará tu conciencia espiritual.

Promueve la armonía

Una gema de fluorita fomentará un ambiente edificante que hará que tus amigos se sientan relajados cuando te visiten. Elimina las opiniones negativas y crea una sensación de armonía. La fluorita amarilla es ideal para tener cerca si estás trabajando en un proyecto grupal porque fomenta la cooperación.

Llévala contigo

Disfruta de las cualidades de este cristal cuando no estés en casa: usa pendientes de fluorita o frota suavemente una gema alisada sobre la palma de tu mano.

Tres formas de conectar con la naturaleza:

- **Coloca una fluorita verde en el patio o jardín de tu casa para atraer a las mariposas.**
- **Medita al aire libre con cualquier tono de fluorita para ayudarte a sintonizar con la naturaleza.**
- **Utiliza la fluorita verde para sanar plantas dañadas: carga el cristal con esa intención y sostenlo sobre la zona afectada. Luego, coloca el cristal dentro de la maceta.**

Azabache

El azabache es negro como el carbón, pero suele estar pulido. No es un cristal, sino madera fosilizada de tiempos antiguos.

¡Cuida tus cristales!

Sumerge el azabache en la tierra durante la noche para limpiarlo. Si has heredado alguna pieza de azabache que se ha utilizado durante generaciones, asegúrate de limpiarlo cuidadosamente antes de usarlo, porque habrá absorbido mucha energía de su anterior portador.

IDEAL PARA

- Proteger
- Absorber la negatividad
- Enraizarse

Si te sientes atraída por una pieza de azabache, es probable que seas un alma antigua con muchos recuerdos de experiencias de vidas pasadas.

TRABAJAR CON AZABACHE

Destierra la ansiedad

Tener azabache en tu dormitorio reduce la ansiedad en torno al sueño. Si tienes muchas preocupaciones, habla de ellas mientras sostienes una gema de azabache. A continuación, entierra la piedra durante la noche, ya sea en una maceta o en el patio o jardín, para alejar tus miedos.

Incrementa tu riqueza

Utiliza el azabache para equilibrar tus finanzas colocándolo en la zona de la riqueza, en el extremo izquierdo de tu hogar.

Limpia otros cristales

El azabache es un purificador de todos los demás cristales. Simplemente coloca tus cristales en un recipiente junto al azabache y déjalos toda la noche.

Tres formas de eliminar la energía negativa:

- **Coloca un azabache en la puerta delantera o trasera de tu casa para alejar la energía negativa.**
- **Si tu hogar está inmerso en la tristeza, coloca el azabache en la zona principal de la casa.**
- **Lleva contigo una gema de azabache para ayudarte a superar la pérdida de un ser querido.**

Ágata musgosa

El ágata musgosa es de color blanco lechoso o traslúcido con zarcillos de manganeso o hierro que han formado patrones similares al musgo. A veces puede ser de color verde oscuro con azul.

IDEAL PARA

- Conectar con la naturaleza
- Calmar a los animales
- Fomentar los nuevos comienzos

Los agricultores europeos solían colgar ágata musgosa en los árboles y alrededor de los cuernos de los bueyes para fomentar cosechas exitosas.

TRABAJAR CON ÁGATA MUSGOSA

¡Anima a tus plantas!

Planta este cristal con tus plantas en una maceta para asegurarte de que se mantengan sanas y crezcan bien. El ágata musgosa te ayuda a comunicarte con seres superiores que pueden colaborar ¡con el florecimiento de tu jardín!

Sé positiva

El ágata musgosa puede aportar calma a tu hogar, especialmente cuando se coloca en la sala de estar. Mejora los aspectos positivos de la personalidad de las personas y ayuda a que todos se relacionen mejor.

Profundiza

Este es un cristal maravilloso para colocar en tu dormitorio. Te ayudará a contemplar con amabilidad tu crecimiento espiritual y la interconexión de la vida.

Tres formas de atraer la riqueza y el éxito:

- **Si estás comenzando un nuevo proyecto, coloca una pequeña ágata musgosa en tu escritorio mientras trabajas o estudias.**
- **Si alguien que conoces desea un ascenso o un mejor salario en el trabajo, obséquiale un cristal de ágata musgosa ¡como amuleto de buena suerte!**
- **Guarda un cristal en tu alcancía para atraer la riqueza.**

Cuarzo ahumado

El cuarzo ahumado es un cuarzo traslúcido que se torna amarillento, marrón o negro. Su nombre original es «morion», y fue descubierto y utilizado por los antiguos druidas.

IDEAL PARA

- Enraizarse
- Proteger
- Limpiar energía negativa

El cuarzo ahumado es la gema nacional de Escocia. Es uno de los cristales de poder en la empuñadura de la daga escocesa, que aún hoy forma parte del traje nacional de este país.

TRABAJAR CON CUARZO AHUMADO

Conéctate con la tierra

Vinculado con el chakra raíz, este poderoso cristal aumentará tu conexión con la Tierra. De pie sobre la hierba (o césped) sostén un cuarzo ahumado con tu mano no dominante (la mano izquierda si eres diestra), apuntando hacia abajo, y siente que drenas la negatividad hacia la tierra bajo tus pies.

Espíritus

Es posible que presencies más fenómenos psíquicos como guías espirituales u ovnis cuando lleves cuarzo ahumado porque este cristal hace que sean más fáciles de percibir.

Tres formas de promover el optimismo:

- **Utiliza el cuarzo ahumado en todas las áreas de tu hogar para poner fin al mal humor o a los comentarios que te desalientan.**
- **Pon un cristal de cuarzo ahumado junto a tu cama y deja que su energía elimine la negatividad y promueva los pensamientos positivos.**
- **Coloca una pequeña gema debajo de tu almohada para evitar que tu mente se acelere mientras intentas dormir.**

TURQUESA

La turquesa es un material metálico de cobre que contiene motas verdosas. El mineral turquesa es considerado uno de los minerales de mayor valor del mundo por la mayoría de los coleccionistas.

IDEAL PARA

- Potenciar las cualidades de liderazgo
- Clarificar la comunicación
- Fomentar la prosperidad y el éxito

La turquesa es conocida como el «cristal de los activistas» porque aporta fuerza y liderazgo a quienes trabajan para proteger el ambiente y los derechos humanos.

TRABAJAR CON TURQUESA

Promueve la calma

En el hogar, la turquesa aporta creatividad y calma interior, junto con la fuerza de voluntad, la ambición y el estado de alerta. Coloca gemas de turquesa alrededor de tu casa para crear un ambiente de bienestar, éxito y buena suerte.

Aviva el romance

Ubicar una turquesa en tu habitación fomenta el romance y la comunicación clara.

Sé optimista

Como cristal purificador, la turquesa despeja la negatividad de tu mente. Si te sientes agobiada, con pánico o triste, descansa mientras sostienes un pequeño cristal de turquesa, y permite que mejore tu estado de ánimo.

Vence la timidez

Si tienes que hablar en público, llevar una turquesa como colgante calmará tus nervios. ¡También te ayudará a superar la timidez! Funciona equilibrando el chakra de la garganta, que te permite expresarte con eficacia.

Problemas domésticos

Para la mayoría de los problemas domésticos, ¡hay un cristal que puede ayudar! Recuerda siempre limpiar tus cristales antes de usarlos, y cárgalos con tu intención (consulta las páginas 10-11).

¿Casa desordenada y caótica?

- Fluorita: aporta armonía y estructura, y ayuda a despejar el desorden.

¿Discusiones?

- Ágata de lazo azul: sobre la mesa del comedor facilita la conversación.
- Ámbar: en la sala de estar transforma las energías negativas en positivas.

¿Ruido en el exterior?

- Cuarzo rosa: junto a la pared más cercana al ruido promueve la paz.

¿Problemas para dormir?

- Amazonita o ametrino: en el dormitorio ayudan a fomentar un estilo de vida más saludable.
- Azabache: en el dormitorio suaviza el sueño y aleja las pesadillas.

¿Plantas de interior agonizantes?

- Ágata musgosa: en la tierra de las plantas evita que se marchiten.

CRISTALES CLAVE PARA CADA ÁREA

Puerta principal

- Para proteger toda la casa, coloca cuarzo ahumado, turmalina negra o azabache en la puerta de entrada.

Sala de estar

- Una pieza grande de cuarzo rosa o jade propaga el amor y la armonía por toda la casa.
- Una varilla de selenita sobre una mesa auxiliar colma el ambiente de luz positiva.
- El ojo de tigre ayuda a armonizar las relaciones familiares.

Cocina o comedor

- El ámbar sobre la mesa del comedor fomenta una alimentación saludable.
- El citrino en el centro del comedor promueve las conversaciones positivas mientras se almuerza o cena.

Dormitorio

- Para lograr un sueño profundo, coloca un cristal de amatista o piedra de la luna debajo de tu cama.
- Un cuarzo rosa sobre la mesa de noche fomenta los buenos sueños.

Escritorio

- Una esfera de obsidiana negra alivia el estrés y te ayuda a recuperar el equilibrio.
- Para la creatividad, coloca cerca un cuarzo blanco, pero equilíbralo con lapislázuli para que no trabajes demasiado.
- La celestina hace que fluya tu creatividad.

Cuarto de baño

- El jade ayuda a restaurar tu cuerpo cansado.
- El cuarzo blanco te energiza por la mañana.

Cristales y signos del zodíaco

Ciertos cristales funcionan mejor con cada signo del zodíaco. Impulsa tus rasgos astrológicos llevando estos cristales como colgante o pendientes, o guarda una pequeña gema en tu bolsillo o colócala en tu dormitorio.

ARIES (21 DE MARZO-20 DE ABRIL)

Diamante, sanguinaria, pirita, hematita, jaspe

TAURO (21 DE ABRIL-20 DE MAYO)

Cuarzo rosa, esmeralda, peridoto

GÉMINIS (21 DE MAYO-21 DE JUNIO)

Citrino, zafiro blanco, ametrino, venturina verde

CÁNCER (22 DE JUNIO-22 DE JULIO)

Piedra de la luna, perla, selenita, sodalita

LEO (23 DE JULIO-23 DE AGOSTO)

Cornalina, topacio, ojo de tigre, ámbar, cuarzo blanco

VIRGO (24 DE AGOSTO-22 DE SEPTIEMBRE)

Ágata musgosa, zafiro azul, amazonita, aragonito amarillo

LIBRA (23 DE SEPTIEMBRE-22 DE OCTUBRE)

Lapislázuli, celestina, cuarzo rosa

ESCORPIO (23 DE OCTUBRE-21 DE NOVIEMBRE)

Obsidiana negra, lágrima de apache, coral, labradorita

SAGITARIO (22 DE NOVIEMBRE-19 DE DICIEMBRE)

Turquesa, rubí, azurita, rodocrosita, iolita

CAPRICORNIO (20 DE DICIEMBRE-19 DE ENERO)

Ónix negro, granate, azabache, cuarzo ahumado

ACUARIO (20 DE ENERO-19 DE FEBRERO)

Amatista, ágata de lazo azul, angelita

PISCIS (20 DE FEBERO-20 DE MARZO)

Jade, aguamarina, fluorita púrpura, cianita

Fechas de cúspides

Si naciste en alguna de las dos fechas de inicio o fin de tu signo zodiacal, naciste entonces sobre la «cúspide» de dos signos. El momento exacto en el que el Sol ingresa en cada signo del zodíaco varía ligeramente cada año. Puedes consultar en Internet para descubrir el momento exacto en el que el Sol ingresó en cada signo durante el año de tu nacimiento.

Los mejores cristales para sanar

Sanación con cristales

Los cristales sanan al vibrar en una frecuencia que influye en tu mente, cuerpo y espíritu. Puedes utilizar tu sabiduría interior para ayudarte a elegir el cristal adecuado para tus necesidades específicas de sanación. La energía que emite un cristal depende de su aspecto, su composición y la intención con la que haya sido programado.

Si tienes un problema específico por el que necesitas ayuda, como una rodilla lastimada o un dolor de cabeza, coloca un pequeño cristal o sostenlo cerca de la zona afectada todo el tiempo que puedas, mientras imaginas que su energía sanadora se abre camino hacia el problema.

LIMPIA Y ACTIVA TUS CHAKRAS

Puedes usar los cristales para limpiar tus chakras, colocándolos sobre tu cuerpo (consulta la página 13).

- Recuéstate en meditación y ubica los cristales elegidos sobre la mitad de tu cuerpo.
- Practica una relajación de 10 minutos para que la energía de los cristales haga efecto en los chakras que se encuentran debajo, limpiando, balanceando y equilibrando todo tu sistema.

MEDITACIÓN ARCOÍRIS

¡Este ejercicio hará que tu aura brille! Es una meditación poderosa, así que no hay necesidad de hacerla más de una vez a la semana.

- Escoge cristales que coincidan con los tonos del arcoíris: rojo, verde, naranja, rosa, azul, amarillo y morado. Los cristales rojos te energizarán, los verdes te nutrirán y los naranjas potenciarán tu creatividad.
- El rosa te colmará de amor, el azul y el amarillo te ayudarán a clarificar la comunicación y el morado te conectará con los reinos superiores.
- Coloca los cristales en el suelo formando un círculo y siéntate en el centro.
- Contempla cómo todos los tonos del arcoíris ingresan en tu aura y son absorbidos por tu cuerpo.
- Después, recuerda enraizarte y pide la protección de un cristal negro, como el azabache o la obsidiana.

También puedes absorber la energía de los cristales si los colocas dentro de la tina. ¡Sumérgete en su poder!

MEDITACIÓN SANADORA

Sostener un cristal sanador entre tus manos mientras meditas te ayuda a absorber su poderosa energía.

- Antes de comenzar, pídele al cristal que trabaje por el bien supremo.
- Coloca el cristal sobre tu corazón, cubriéndolo de amor y pidiéndole que haga lo mejor para ti.
- Mientras exhalas, deja salir todos los pensamientos y sentimientos negativos.
- Mientras inhalas, imagina que la luz positiva del cristal recorre todo tu cuerpo.
- Imagina esta energía como un líquido cálido y relajante que irradia desde tu corazón hasta cubrirte por completo.
- Siéntate tranquilamente y permite que la energía del cristal te haga sentir completa y feliz.
- Finaliza la meditación: agradece al cristal y haz varias respiraciones profundas para enraizarte.

SANACIÓN A DISTANCIA

Puedes usar tus cristales para enviar energía sanadora a personas o animales, así como a regiones del mundo que necesiten ayuda.

- Sostén un cristal grande entre tus manos.
- Concéntrate en cargar el cristal con la intención de sanar aquello que hayas elegido.
- Dile al cristal tu deseo en voz alta (repetidamente) para que lo absorba.
- Inhala profundamente e imagina que la luz del cristal cubre tu cuerpo. Exhala cualquier oscuridad.
- Envía esta luz sanadora a la persona, el animal o lugar elegido mientras exhalas.
- Imagina que la persona, el animal o el lugar elegido recibe esta energía sanadora y brilla con salud.
- Al finalizar, coloca el cristal cargado sobre una fotografía de tu amigo, animal o lugar a sanar, y déjalo allí durante el tiempo que quieras que actúe.

Elige cristales como el ágata musgosa o el jade, para sanar la tierra o los bosques y los animales. Las gemas como la aguamarina o el coral azul hacen maravillas en las aguas del mundo. El ojo de tigre o el jaspe de piel de leopardo ayudan a las especies en peligro de extinción a mantenerse sanas y fuertes.

AMAZONITA

La amazonita es una piedra opaca de color azul-verde o turquesa, a veces de un verde más oscuro con líneas blancas.

¡Cuida tus cristales!

Limpia la amazonita colocándola en un recipiente con una infusión de menta para recargar sus poderes.

IDEAL PARA

- Suavizar emociones
- Fomentar un estilo de vida saludable
- Resolver conflictos internos

Nadie ha encontrado nunca yacimientos de amazonita en la cuenca del río Amazonas, pero sí en otras partes de Sudamérica. ¡Su nombre se debe a que se la ha confundido con otras gemas de la región!

TRABAJAR CON AMAZONITA

Busca tu equilibrio

Medita con amazonita para conectar con tu sabiduría interior. Esto te ayudará a entender lo que necesitas hacer en el mundo... y cómo ponerlo en práctica.

Promueve la paz

A menudo llamada la «piedra de la paz»", la amazonita te permite comprender los puntos de vista de los demás. Cuando se coloca en una habitación, emite vibraciones pacíficas de reconciliación y sanación.

Habla sin miedo

Si tienes que mantener una conversación difícil, guarda una amazonita en tu bolsillo. ¡Te ayudará a hablar con fluidez y empatía!

Tres formas de usar la amazonita en el hogar:

- **Sobre tu escritorio, la amazonita le dará orientación a tus objetivos y éxito a tu trabajo.**
- **Una gema de amazonita en la sala de estar fomentará la amabilidad en las conversaciones.**
- **En la cocina, se cree que anima a otros miembros de la familia a participar de las tareas domésticas.**

Aguamarina

La aguamarina es de color azul muy claro, entre traslúcido y opaco. Su nombre proviene del latín *aqua* por «agua» y *marina*, que significa «del mar». La aguamarina puede tener una luminosidad maravillosa, que deslumbra con su brillo intenso.

¡Cuida tus cristales!

Limpia la aguamarina en un recipiente de cristal azul con agua de mar o agua mineral salada en una noche de luna llena. Después, enjuágala con agua pura.

IDEAL PARA

- Incrementar tu sabiduría interior
- Clarificar la comunicación
- Aceptar tu verdadero yo

¡Antiguamente se creía que este cristal era el tesoro de las sirenas! Los romanos solían llevarla en sus barcos para navegar seguros por el mar.

TRABAJAR CON AGUAMARINA

Alivia tus ojos cansados

Coloca un pequeño y suave cristal de aguamarina sobre cada uno de tus párpados durante cinco minutos cada noche mientras te relajas, y permite que sus propiedades refrescantes y calmantes hagan efecto.

Deshazte del desorden

Tener aguamarina en tu hogar evitará que te sientas enfadada. También se cree que ayuda a deshacerse del desorden... ¡mental, emocional y físico!

Envía sanación

Coloca una pequeña aguamarina sobre la fotografía de la persona a la que quieras ayudar, e imagina que la energía sanadora de este cristal cubre su cuerpo alineando sus chakras y restableciendo su salud.

Tres formas de sanar los océanos:

- **Carga una aguamarina con la intención de limpiar los océanos y proteger a todas las criaturas marinas.**
- **Coloca un cristal de aguamarina sobre la fotografía de cualquier especie oceánica en peligro de extinción, visualizando que prospera en los próximos años.**
- **Siente la salud de las aguas del mundo en tu corazón, y deja que esa energía se expanda por todo el planeta.**

CIANITA AZUL

La cianita azul está formada por fragmentos o láminas de color blanco azulado. Puede ser opaca con un brillo nacarado o traslúcido. Su nombre proviene de la palabra griega *kuanos*, que significa «azul».

¡Cuida tus cristales!

La cianita no absorbe la energía negativa, por lo que no necesitas limpiarla, pero puedes potenciar sus poderes colocándola cerca de tus plantas a primera hora de la mañana.

IDEAL PARA

- Sanar el reino animal
- Sintonizar con los reinos superiores
- Aumentar tus capacidades intuitivas

La cianita también se utiliza en la industria automotriz, ¡en las zapatas de frenos y llantas de los neumáticos!

TRABAJAR CON CIANITA AZUL

Envía sanación

Utiliza una cianita azul para enviar energía sanadora a tus amigos, familiares y mascotas.

Conéctate con los demás

En meditación, coloca una pequeña cianita azul sobre tu frente (chakra del tercer ojo) y sintoniza con una persona concreta que te importe. Intenta percibir sus sentimientos y necesidades para ayudarla de alguna manera. Luego, recrea una imagen positiva de sanación en tu mente y envíasela.

Limpia la negatividad

Las láminas de cianita azul son excelentes varitas mágicas para limpiar la energía negativa de los demás porque disuelven la ira y la frustración.

Crea una red de cristales sanadora:

- **Ubica filas de pequeños fragmentos de cianita en seis orientaciones diferentes (desde una cianita central).**
- **Siéntate junto a esta red de cristales y concéntrate en contemplarlos.**
- **Deja que tu mente divague, permitiendo que las imágenes e ideas tomen forma a medida que aparecen.**
- **Medita con esta red de cristales todas las noches hasta que sientas que el problema que te aquejaba se ha solucionado.**

Cornalina

La cornalina es un cristal vidrioso semitraslúcido de color naranja brillante a rojo, a menudo con manchas y vetas más claras u oscuras.

IDEAL PARA

- Potenciar la sanación
- Confiar en ti misma
- Mejorar tus relaciones

Los antiguos guerreros llevaban este cristal alrededor de sus cuellos para ser más audaces en batalla, ¡y se creía que fomentaba la valentía en personas tímidas!

TRABAJAR CON CORNALINA

¡Activa tu energía!

Coloca una cornalina sobre tu estómago (chakra del plexo solar) mientras estás recostada en meditación. Permite que su oleada de energía actúe para equilibrarte y enraizarte.

Limpia otros cristales

Si tienes un cuenco de gemas en tu hogar, añade cornalina para limpiarlas.

Tres formas de preservar el planeta:

- **Reúnete con tus amigos para usar cornalina y enviar sanación a los antiguos lugares sagrados para preservarlos.**
- **Pide a un cristal de cornalina que sane tu entorno, y luego entiérralo en la tierra.**
- **Elabora esencia de cornalina con agua, y viértela en la tierra, pidiéndole que proteja nuestro mundo.**

Hematita

La hematita es un óxido de hierro metálico, plateado y pesado, que a veces tiene tonos marrones rojizos. Se forma en rosetas ásperas, pero suele encontrarse como gemas pulidas y brillantes. Si bien la mayoría de las veces tiene un tono negro plateado metalizado, algunas hematitas exhiben vetas de color marrón rojizo y marcas en rojo cuando se corta en bruto y se frota contra otro cristal.

IDEAL PARA

- Enraizarse y equilibrarse
- Aliviar los dolores de cabeza y de espalda
- Alejar energías negativas

Los primeros humanos crearon pinturas rupestres utilizando el pigmento rojo de hematita molida.

TRABAJAR CON HEMATITA

Atrae nuevas oportunidades

La hematita tiene un poder magnético, que puede atraer las oportunidades adecuadas para hacer tus sueños realidad. Puede ayudarte a enfocarte cuando necesites enfrentar problemas prácticos, e incrementa tu fuerza de voluntad.

¡Aleja las energías negativas!

En la Antigüedad, la hematita se utilizaba en la adivinación y se pulía para hacer espejos que desviaran la negatividad. Es útil tener una hematita cerca cuando meditas para evitar que las energías negativas contaminen tu aura.

Combate el desfase horario

Recuerda llevar hematita contigo durante y después de viajar en avión, ya que se cree que su poder alivia los efectos del desfase horario *(jet lag)*.

Ritual de sanación:

- **Recuéstate boca abajo y pídele a una amiga o amigo que coloque una hematita sobre la parte superior de tu columna vertebral, otra sobre la parte inferior y otra en el medio.**
- **Relájate con la cabeza hacia un lado e imagina el poder del cristal girando en espiral alrededor de tu columna vertebral, desde abajo hacia arriba.**
- **Imagina que el dolor desaparece y que todo tu cuerpo brilla con salud.**
- **Al finalizar, agradece al cristal por su ayuda.**

Piedra de la luna

La piedra de la luna puede ser blanca traslúcida, rosa oscuro, amarilla o a veces azul. Todas las tonalidades presentan una opalescencia nacarada.

IDEAL PARA

- Ayudar a las plantas a crecer
- Conectarse con los ciclos de la naturaleza
- Sentir calma

Se cree que la piedra de la luna pierde su resplandor plateado si la persona que la usa tiene demasiada ira en su interior.

TRABAJAR CON LA PIEDRA DE LA LUNA

¡Haz florecer tu jardín!

Tres días antes de la luna llena —tradicionalmente el momento de mayor crecimiento— coloca nuevas plantas y entierra una piedra de la luna en la tierra de las macetas para que tu jardín crezca fuerte y sano.

Dulces sueños

La piedra de la luna en tu dormitorio suele favorecer un sueño tranquilo. Coloca un pequeño cristal debajo de tu almohada para librarte de la ansiedad y las pesadillas.

Un obsequio sanador

¿Quieres enviar sanación a alguien que está atravesando un momento difícil? Sostén una pequeña piedra pulida de este cristal cerca de tu corazón, cargándola de energía amorosa y dásela como regalo.

Usa tu cristal en diferentes fases lunares:

- **En cuarto creciente, la piedra de la luna se vuelve más traslúcida. Este es el momento para utilizarla en rituales de manifestación.**
- **En cuarto menguante, este cristal se vuelve más pálido y emite una energía más suave. Este es el momento ideal para ayudarte a aquietar tus emociones.**

Rodocrosita

La rodocrosita es de color rosa frambuesa intenso, rojo rosado o naranja, con remolinos y bandas circulares. Suele encontrarse pulida.

IDEAL PARA

- Curar heridas emocionales
- Atraer un nuevo amor
- Sanar la Tierra

En una cueva debajo de los Andes, hay una gran roca de rodocrosita en forma de corazón. La leyenda cuenta que es el corazón de la Madre Tierra, que late una vez cada 200 años.

TRABAJAR CON RODOCROSITA

Siente felicidad

Sostén este cristal sobre tu chakra del corazón mientras meditas. La energía pacífica de la rodocrosita colmará tu aura, sanará tu pasado y te mostrará que eres profundamente amada tal y como eres.

Amor por la Tierra

Usa la rodocrosita para enviar energía amorosa y sanadora a la Tierra. Sintoniza con el poder de la gema y pregunta: «¿Cómo puedo servir mejor al mundo?». ¡Deja que tus alegres ideas te guíen!

Perdona los errores

Meditar con este cristal te ayuda a comprender y perdonar a las personas por los errores que han cometido en el pasado. Así, contribuye a crear una relación más amorosa.

Prepara un elixir sanador:

- **Coloca una pequeña rodocrosita dentro de una botella de cristal (o frasco) con agua de manantial.**
- **Deja la botella a la luz del sol durante unas horas para energizarla.**
- **Embebe un algodón con el elixir sanador y úsalo para limpiar tu piel.**

Los mejores cristales para la adivinación

El arte de la adivinación

La adivinación es la práctica milenaria de pedir ayuda o consejos al mundo espiritual. También puedes utilizar una bola de cristal, péndulos de cristal o una bolsa de cristales más pequeños para iniciarte en este arte.

Lo que debes y no debes hacer:

- Limpia tus cristales antes de usarlos.
- Despeja tu mente de preocupaciones o expectativas antes de comenzar. Debes ser capaz de concentrarte completamente en lo que te dice tu sabiduría interior.
- Tómate el tiempo necesario para formular la pregunta que quieres hacer. Hazla lo más simple y específica posible.
- Sostén tus cristales y conéctate con su energía para que puedan trabajar juntos y obtener la mejor orientación.
- Pídeles que te muestren la verdad del asunto con la mayor claridad posible.
- Mantén la mente abierta en cuanto a la respuesta, ¡puede no ser lo que parece al principio!
- No olvides anotar lo que te venga a la mente para consultarlo más tarde.
- ¡No tomes ninguna decisión precipitada! Procesa con calma las nuevas ideas, así podrás tomar la decisión correcta y avanzar.

Cuarzos y bolas de cristal

Las bolas de cristal se consideran, desde hace mucho tiempo, herramientas de sabiduría personal. Más allá del cristal con el que estén hechas, todas conectan con el chakra corona y activan tus poderes psíquicos. Esto significa que puedes usarlas para acceder a tu sabiduría interior y encontrar respuestas a cualquier pregunta sobre el pasado, el presente y el futuro.

Observar el futuro usando bolas de cristal fue una práctica popular en Europa durante el siglo XV, cuando las personas creían que se podían ver espíritus dentro del cristal que las ayudarían a adivinar el futuro.

- Enciende una vela, o utiliza la luz del sol o de la luna para reflejarla en tu bola de cristal.
- Sostén la bola de cristal con tus manos y permite que sus energías armonicen.
- Haz la pregunta que quieres que se responda.
- Presta atención a cualquier sensación o sentimiento que experimentes, o imagen o palabra que te venga a la mente.
- Coloca tu bola de cristal sobre un paño de seda o terciopelo.
- Suaviza tu mirada y contempla la bola de cristal. Puede parecer que se nubla, pero continúa hasta que aparezcan imágenes dentro de la bola de cristal o en tu mente. Las diferentes imágenes pueden tener importantes significados o, en conjunto, contar una historia que sirva de respuesta.
- Al finalizar, cubre la bola de cristal con un paño.
- Conéctate con el momento presente mientras realizas unas cuantas respiraciones profundas.
- Anota lo que has visto, pensado y sentido, y cualquier otra cosa que creas que pueda ser significativa.

Ametrino

El ametrino es un cristal brillante y traslúcido que resplandece en tonos púrpura y en amarillo. Es una combinación de la amatista y el citrino. De ellos proviene la palabra *ametrino*.

IDEAL PARA

- Concentrarse
- Sanar
- Conectarse con los reinos superiores

El ametrino procede de la mina de Anahí en Bolivia. Las leyendas cuentan que la mina fue entregada a un conquistador español en el siglo XVII cuando se casó con una princesa ayoreo. Se perdió por siglos y se encontró de nuevo en la década de 1960.

TRABAJAR CON AMETRINO

Ayuda para meditar

Si te cuesta concentrarte durante la meditación, sujeta un cristal de ametrino para eliminar el estrés mental, y así poder enfocarte con facilidad y en calma.

Promueve la paz

Un cristal de ametrino en una habitación donde hay conflicto puede ayudar a acabar con las discusiones. El ametrino nos anima a todos a aceptar con más facilidad las diferencias con los demás.

Contacta con seres superiores

Trabajar con ametrino te permitirá contactar con seres superiores, que pueden impartir su sabiduría para enriquecer tu vida. Este cristal también puede protegerte en los viajes que realices en meditación a reinos superiores.

Meditación para conectar con los reinos espirituales:

- **Siéntate con un cristal de ametrino a la luz de la luna llena.**
- **Imagina un portal en tu cristal y que puedes atravesarlo hacia otras dimensiones.**
- **Visualiza el portal con detalle (forma y textura).**
- **Encamínate hacia otros reinos, ¡tal vez conozcas un bosque de hadas o una vida pasada!**
- **Cuando hayas terminado de explorar esta nueva dimensión, vuelve sobre tus pasos y atraviesa el portal de regreso a casa. ¡Recuerda cerrarlo detrás de ti!**
- **Respira profundamente unas cuantas veces para enraizarte.**

Esmeralda

La esmeralda es un berilo de color verde brillante y traslúcido. Este precioso cristal ha sido atesorado durante miles de años. Las primeras minas conocidas se encontraban en Egipto y se remontan posiblemente al año 4000 a. de C.

IDEAL PARA

- Amor incondicional
- Revelar la verdad sobre las relaciones
- Potenciar tus poderes psíquicos

Este cristal verde está conectado con Venus, el planeta y la diosa del amor. Es el obsequio tradicional para quienes celebren el 55.° aniversario de su boda.

TRABAJAR CON ESMERALDA

Protege tu energía

Si te parece que siempre estás atendiendo los problemas de los demás, usa la esmeralda para no dejarte abrumar por ellos. La energía de la esmeralda también fomentará la compasión y el perdón.

Abre tu corazón

Llevar esmeralda durante el día abrirá tu corazón y te otorgará la fuerza necesaria para superar los momentos difíciles. Recuerda quitártela por las noches ya que este cristal puede hacer que los sentimientos negativos salgan a la superficie.

Comprende tu verdad

Medita con esmeralda para aclarar tu mente. Comprenderás la verdad sobre lo que está bien y lo que está mal para ti.

Descubre vidas pasadas

Carga una esmeralda con la intención de explorar (sin riesgo) tus vidas pasadas. Luego, sujétala mientras meditas y «bucea» en las historias y emociones del pasado que puedan surgir.

Sana tus relaciones

Lleva este cristal como collar o broche para activar el chakra del corazón. Esto puede sanar las amistades dañadas y restaurar la confianza.

IOLITA

La iolita es un cristal traslúcido, de color azul violáceo o índigo, que se vuelve amarilla o negro ahumado según el ángulo desde el que se mire.

¡Cuida tus cristales!

Recarga la iolita con la luz natural del sol.

IDEAL PARA

- Aumentar tus poderes psíquicos
- Inspiración creativa
- Potenciar tus hechizos

Los exploradores vikingos usaban este cristal para encontrar su camino en sus travesías por los océanos. Miraban a través de una fina pieza de iolita para conocer la posición del sol, incluso en días nublados.

TRABAJAR CON IOLITA

Inspírate

Siéntate tranquila y contempla una iolita, y deja que su aspecto cambie al mover el cristal suavemente sobre las palmas de tus manos. Respira profundo y permite que ideas inusuales, de otro mundo, y la inspiración te encuentren.

Concéntrate

La iolita te ayuda a evitar las distracciones para que puedas centrarte en lo realmente importante, tanto en el trabajo como en la vida. Si te sientes bloqueada mientras estudias, ¡te puede impulsar a hacer las cosas de otra manera!

Viaje a los reinos superiores:

- **Recuéstate en una posición relajada mientras sostienes un cristal de iolita en tu mano izquierda.**
- **En tu mano derecha, sujeta un cristal de ónix para protegerte.**
- **Pídele a la iolita que energice tu aura y alinee tus chakras.**
- **Coloca la iolita sobre tu frente.**
- **Cierra los ojos y suelta el miedo a lo desconocido.**
- **La iolita te ayudará a avanzar en tu viaje espiritual.**
- **Al finalizar la meditación, abre los ojos y agradece a los cristales.**
- **Recuerda enraizarte con unas cuantas respiraciones profundas.**

Lapislázuli

El lapislázuli es de un azul cobalto intenso, jaspeado por trozos de pirita de hierro dorada. Centelleante como el cielo nocturno, el lapislázuli se compone de una mezcla de cristales que incluyen calcita, lazulita, sodalita y pirita.

IDEAL PARA

- Incentivar los sueños proféticos
- Aumentar tus habilidades psíquicas
- Brindar paz y serenidad

Muchos faraones del antiguo Egipto, incluyendo a Tutankamón, construyeron sus tumbas con incrustaciones de lapislázuli. Si te atrae este cristal, es posible que hayas tenido una vida pasada ¡en una cultura antigua!

TRABAJAR CON LAPISLÁZULI

Sueños significativos

El lapislázuli puede aumentar tus poderes psíquicos si colocas un pequeño cristal sobre tu frente durante la meditación. Medita con lapislázuli antes de dormir… ¡y tus sueños serán reveladores!

Protégete a ti misma

Llevar lapislázuli sobre tu cuerpo en forma de colgante, pendientes o pulsera, por ejemplo, aliviará el estrés y brindará una profunda sensación de paz y serenidad. Este cristal es un poderoso amuleto protector que invoca a los seres superiores para mantenerte a salvo.

Alivia el dolor de cabeza

Para ayudarte con este problema, simplemente sostén un lapislázuli y siéntate en meditación, imaginando que su sanadora luz azul se desplaza a la zona afectada. Cuando finalices, bebe un vaso de agua para enraizarte. A continuación, limpia el cristal de cualquier energía negativa.

Ónix

El ónix es de color negro con bandas o motas blancas. Los yacimientos de ónix se encuentran en la India, Brasil y Uruguay.

¡Cuida tus cristales!

Recarga el ónix a la luz del sol para potenciar sus poderes.

¡Se cree que el ónix guarda recuerdos! Colgantes, anillos o pendientes de ónix revelarán las historias de su antiguo portador a cualquier persona que los sostenga entre sus manos.

IDEAL PARA

- Enraizarse
- Proteger
- Orientar

TRABAJAR CON ÓNIX

¡Aleja las pesadillas!

El ónix te otorga la fuerza necesaria para atravesar los momentos más difíciles. Coloca un cristal de ónix en tu hogar para absorber la tristeza, desterrar las pesadillas y apaciguar el miedo a la oscuridad.

Sana heridas de vidas pasadas

Sostén un cristal de ónix, y él te guiará hacia el lugar de tu cuerpo donde guardas una lesión de vidas pasadas. Cuando lo coloques allí, absorberá la memoria almacenada de ese trauma y enviará energía universal de sanación para ayudarte.

Obtén orientación

Meditar regularmente con ónix fomenta la toma de decisiones sabias. Ante un cambio importante, te guiará hacia el mejor camino para ti. También puede ayudarte a concentrarte mejor.

Rubí

El rubí puede ser de varios tonos rojos, desde el rojo claro traslúcido y el frambuesa hasta el más valioso, el rojo intenso con un matiz azul. La palabra *rubí* proviene de *ruber*, que en latín significa «rojo».

¡Cuida tus cristales!

Revitaliza tu rubí limpiándolo cuidadosamente con un paño suave, y luego déjalo a la luz de las estrellas durante toda la noche.

IDEAL PARA

- Aumentar la felicidad
- Atraer el romance
- Potenciar la energía

Se cree que el emperador mongol Kublai Khan ofreció una ciudad entera a cambio de un gran rubí. Los rubíes siempre han sido asociados con el amor duradero, y representan el 40.° aniversario de boda.

TRABAJAR CON RUBÍ

Vida amorosa

El rubí aporta pasión y entusiasmo por la vida y el amor. Aumenta tus niveles de energía, te motiva y despierta un fuerte sentido de liderazgo.

Sueña mejor

Dormir con un pequeño rubí debajo de tu almohada te ayuda a comprender lo que experimentas en sueños. Bajo su influencia, descubrirás sus significados y simbolismo.

Rubí estrella

Se trata de una variedad de rubí con una estrella de seis puntas en su interior. Los antiguos creían que el rubí estrella contenía tres ángeles o espíritus que los ayudaban a conocer el pasado, el presente y el futuro. Si tienes este cristal, prueba practicar la siguiente meditación:

- **Siéntate a la luz de las velas mientras sujetas tu rubí estrella.**
- **Contempla atentamente el punto donde se entrecruzan las líneas y permite que aparezcan imágenes en el ojo de tu mente.**
- **Percibe intuitivamente lo que significan para ti, o anótalas e investiga su simbolismo.**

Crea tu propio juego de cristales de adivinación

Coloca diez pequeños cristales en una bolsa con cordón. Luego, simplemente cierra los ojos y extrae un cristal cada mañana para que te guíe durante el día. Necesitarás un cristal para cada uno de estos tonos: naranja, azul, morado, negro, marrón, amarillo, rojo, verde, blanco y arcoíris. Aquí tienes algunas sugerencias:

NARANJA: ámbar, citrino naranja
AZUL: aguamarina, lapislázuli, ágata de lazo azul, calcita azul, angelita, celestina
MORADO: amatista, azurita, fluorita púrpura, iolita, ametrino
NEGRO: turmalina negra, azabache, hematita, obsidiana negra
MARRÓN: ojo de tigre, cuarzo ahumado
AMARILLO: citrino amarillo, ametrino, fluorita amarilla
ROJO: cornalina, rubí
VERDE: esmeralda, venturina verde, jade, fluorita verde, amazonita
BLANCO: cuarzo blanco, piedra de la luna
ARCOÍRIS: labradorita, cuarzo arcoíris de titanio

Adivinación diaria:

- Siéntate en un lugar confortable.
- Haz tu pregunta en voz alta.
- Pon tu mano de poder (¡es la mano con la que atraparías un balón!) dentro de la bolsa, y elige tres cristales, de uno en uno. No mires dentro de la bolsa, ¡elige según tu intuición!
- Coloca los cristales que has elegido delante de ti para descubrir sus significados.
- Sostén cada uno de ellos, uno por uno, entre tus manos. Cierra los ojos y deja que aparezcan imágenes o palabras para cada cristal.
- Comienza tu lectura con estas impresiones y lee la respuesta que da cada cristal de la lista de la siguiente página.

ÁGATA DE LAZO AZUL: Es el momento de decir tu verdad sobre algún asunto. Es probable que el resultado sea positivo.

AGUAMARINA: Es hora de ampliar tus horizontes.

AMATISTA: Atraviesas un gran cambio en tu vida y puedes estar sintiéndote estresada.

AMAZONITA: Sé una líder y defiende lo que es correcto.

ÁMBAR: ¡El éxito está en camino! Tómate tu tiempo para decidir cómo quieres aprovecharlo.

AMETRINO: Usa tu sabiduría interior para sentir el momento adecuado de ayudar a otros o a ti misma.

ANGELITA: ¿Tus amigos discuten o se dejan llevar por chismes maliciosos? Puede que te llamen para recuperar la armonía.

AZABACHE: Necesitas protegerte de cualquier negatividad que aparezca en tu camino.

AZURITA: Tus poderes psíquicos y sanadores son cada vez más fuertes.

CALCITA AZUL: Mantén la calma y promueve la paz, incluso con aquellos que te molestan.

CELESTINA: No te preocupes por lo que pueda suceder. Eso te impide disfrutar del momento.

CITRINO: Tus talentos creativos traen el éxito. ¡Expresa tus ideas!

CORNALINA: Cree en ti misma y en tus talentos. Establece metas personales.

CUARZO AHUMADO: Escucha tu propia voz, ¡no los chismes de los demás!

CUARZO ARCOÍRIS DE TITANIO: Sal de tu burbuja. Es hora de moverse.

CUARZO BLANCO: ¡Sé optimista! Tienes una gran oportunidad de nuevos comienzos.

ESMERALDA: Tu éxito no les agrada a los demás, pero mantente firme: la envidia pasará.

FLUORITA: Conecta con tu lado espiritual.

HEMATITA: Aprovecha el momento presente y surgirán nuevas oportunidades.

IOLITA: Hay más de lo que parece en un nuevo amigo o situación.

JADE: Sé compasiva con esa persona que está siendo difícil de tratar.

LABRADORITA: Sigue tu corazonada para hacer lo que es correcto para ti.

LAPISLÁZULI: Defiende tus principios.

OBSIDIANA NEGRA: Tienes mucho poder a tu disposición si quieres hacer un cambio.

PIEDRA DE LA LUNA: Presta atención a tus sueños y a tu sabiduría interior.

RUBÍ: Intenta descubrir los significados secretos de tus sueños.

TURMALINA NEGRA: Deberías meditar sobre cualquier asunto confuso para encontrar la mejor solución.

VENTURINA VERDE: Habla sobre el apoyo que necesitas para poner en práctica tus ideas.

ÍNDICE DE CRISTALES

LOS MEJORES CRISTALES PARA MEDITAR

LOS MEJORES CRISTALES PARA MANIFESTAR

LOS MEJORES CRISTALES PARA EL HOGAR

LOS MEJORES CRISTALES PARA SANAR

LOS MEJORES CRISTALES PARA LA ADIVINACIÓN

«El mundo está lleno de cosas mágicas, que pacientemente esperan por nuestros sentidos para acontecer».

W. WB. YEATS

Otros títulos de la colección:
Astrología * Encantamientos * Lectura de manos